THÉATRE

DE

SAINTE REINE

(DEUXIÈME ÉDITION)

« Au mont Dauxois est la cité Dalise,
— Où nasquit Reigne, ainsi qu'il est commun —
En la duché de Bourgongne est assise,
Pays fertille en levesché Dautun. »

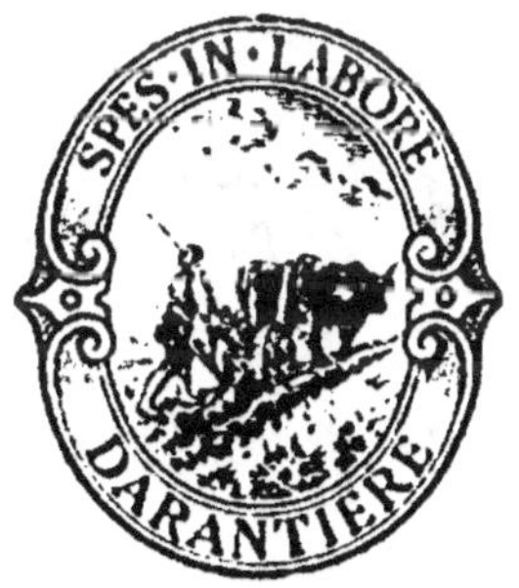

DIJON
IMPRIMERIE DARANTIERE
65, RUE CHABOT-CHARNY, 65

1886

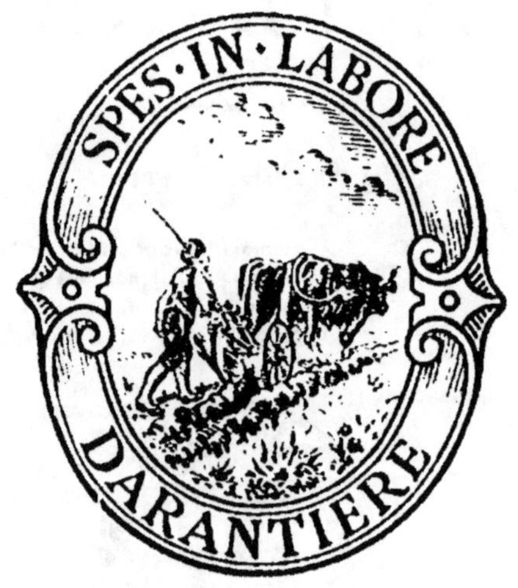
SPES · IN · LABORE
DARANTIERE

THÉATRE

DE

SAINTE REINE

JUSTIFICATION DES TIRAGES :

Imprimé à	100	exemplaires	sur papier vergé teinté.
—	6	—	— du Japon.
—	6	—	— de Chine.
—	6	—	— Whatman.
—	6	—	— parcheminé.
—	2	—	— parchemin.

THÉATRE

DE

SAINTE REINE

(DEUXIÈME ÉDITION)

« Au mont Dauxois est la cité Dalise,
— Où nasquit Reigne, ainsi qu'il est commun —
En la duché de Bourgongne est assise,
Pays fertille en levesché Dautun. »

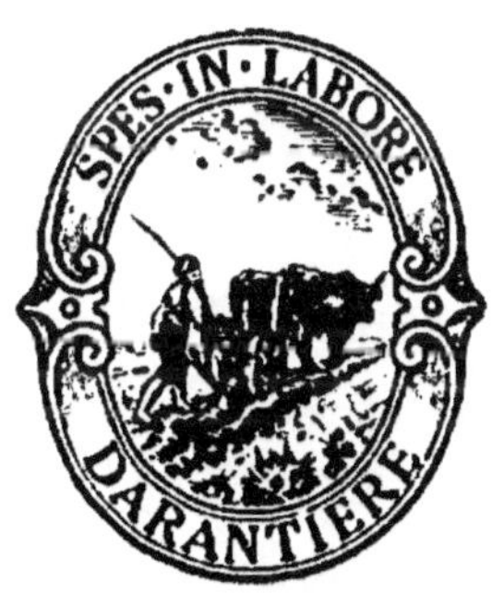

DIJON
IMPRIMERIE DARANTIERE
65, RUE CHABOT-CHARNY, 65

1886

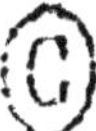

Il ne s'agit ici que de l'ancien théâtre de sainte Reine, c'est-à-dire des pièces tragiques que cette sainte a inspirées aux XVIIe *et* XVIIIe *siècles; les œuvres contemporaines n'offrant à nos yeux aucun intérêt littéraire appréciable, nous avons dû les négliger.*

***

Ont-elles été jouées, les six tragédies dont nous allons donner une esquisse? Nous l'ignorons, sauf en ce qui concerne la pièce de Maître Ternet, *qui fut imprimée plusieurs fois, et jouée à la fête de la sainte par les membres de la* Confrérie de sainte Reine, *et cela durant plusieurs années, notamment à partir de 1731. Celle du chanoine* Millotet *semble avoir eu les honneurs de la représentation une fois, au moins, à Autun.*

*
* *

Si quelques lecteurs étaient surpris de voir en tête de cet opuscule les mots : « Deuxième édition, » *nous les renverrions au livre de poésie que nous avons publié en 1867, à Paris. Notre travail, au reste, remonte bien au-delà : c'est une œuvre de jeunesse. Nous lui conservons sa libre allure, ses hardiesses, voire ses témérités soit de pensées, soit d'expressions : ce sont autant de témoins qui déposent de la vérité que nous avançons.*

J. D.

Dijon, 21 août 1886.

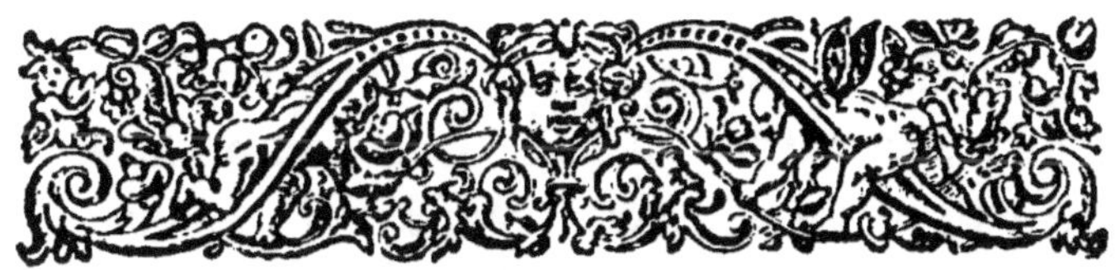

SAINTE REINE ET SON THÉATRE

I

INTRODUCTION

Parmi les Saintes, peu ont été autant et aussi mal louées, peu aussi discutées, peu aussi admirées que sainte Reine. Ne le cédant à aucun saint pour les miracles, pour l'éclat du renom, pour la gloire du martyre, elle a inspiré jusqu'à un géomètre, maître Ternet! Elle a mis en feu Bénédictins et Cordeliers, et d'Alise-Sainte-Reine la querelle s'est étendue jusqu'en Allemagne. Il a fallu qu'un archevêque de Mayence interposât son autorité pour calmer l'ardeur de la lutte. Il vint à Alise, vérifia les reliques et remarqua que la sainte avait trois bras! Plus tard un autre évêque, vérificateur, lui aussi, des reliques, trouva des os d'animaux mêlés aux précieux restes de la martyre! Mais d'où vient tant de bruit, tant d'éclat, tant d'enthousiasme à l'endroit de cette sainte? C'est que sa vie fut douce comme une idylle, et sa mort, vaillante comme celle d'un héros. C'est que sainte Reine rappelle, à s'y méprendre, la grande Jeanne, notre Jeanne d'Arc. Elle exhale le même parfum des champs, le même souffle de grande âme dans un faible corps, et elle éveille cette sympathie, la plus touchante de toutes, la sympathie que l'on ressent à la vue d'une fleur torturée à plaisir par la main d'un brutal qui eût dû la protéger. Reine souffrit le martyre à seize ans, et son père était au nombre de ses bourreaux.

Quel drame que cette mort! Un père barbare par ambition, un de ces gouverneurs gaulois assouplis par Rome et désireux de s'avancer dans la faveur du Maître, en lui sacrifiant leur religion et jusqu'aux plus chers membres de leur famille; un proconsul, un *Olibrius*, issu de cette *gens* vantarde et incapable dont le nom est resté comme synonyme de la vantardise et de l'incapacité même; un Olibrius, dis-je, gras, énorme, suant le vice et la décadence romaine par tous les pores, accouru dans les gorges de l'Auxois pour y activer le feu de la persécution et là pris lui-même d'un feu impur à la vue de la belle et douce Reine, que la légende nous montre faisant paître les moutons; puis enfin Reine elle-même, admirable enfant christianisée par sa nourrice, qui la suit dans son martyre et vient lui tendre du pain au trou de sa prison, quels acteurs, quels tableaux, quelles scènes! Les instances du proconsul, les menaces du père, la fermeté de l'enfant qui veut être toute à Jésus, son pèlerinage douloureux de la prison de *Grignon* à celle de *Flavigny*, où elle est attachée à des anneaux de fer, puis déliée pour être immolée dans la vieille ville gauloise d'Alise, au lieu même où Vercingétorix s'était rendu à César, mais où la jeune fille, malgré les tortures, ne se rendit qu'à Dieu, ne sont-ce point là des éléments d'une grandeur peu commune?

Quel type divin que celui de Reine! En est-il un seul parmi tous les pauvres martyrs qu'a auréolisés la plume de Chateaubriand, en est-il un seul qui lui soit comparable? Et dire que de tous les poètes qui ont célébré la sainte, pas un n'a su tirer l'étincelle de feu que recélait cette tendre veine du vieux roc gaulois! Mais je me trompe; il y a un passage, une courte scène, un rien qui dépasse en grandeur et en sublimité les plus beaux endroits de Corneille. Et cette scène est comme perdue dans une des biographies de la sainte, et la poésie n'a même pas le droit d'en revendiquer les honneurs! Le passage est en prose, et, à la manière dont il est présenté, on conjecture qu'il a dû être puisé dans un vieux mystère. N'importe; le trait n'en est pas moins beau. On va en juger à quelques pages d'ici.

II

VIE DE SAINTE REINE

« L'an de notre salut deux cent trente-huit (1), à Alise, ville de la *province de Bourgogne* (*sic*), naquit sainte Reine. » C'est ainsi que débute le principal biographe de la martyre, André-Joseph *Ansart*, homme aussi peu édifiant, sans qu'il s'en doute, que peu soucieux de la chronologie, cette fille du Temps dont la main fait apparaître à son jour et à sa place les faits-tableaux dans cette immense lanterne magique qu'on nomme l'Histoire. Or nous désirons que les verres soient peints, et nous rejetons avec dégoût les historiens à verres blancs. Le

(1) La date doit être erronée; Dèce ne conserva l'empire que jusqu'en l'an 251, et Reine mourut sous son règne. L'époque vraie de sa naissance doit être 234 ou 235.

blanc, c'est la glace, c'est la neige, et nous voulons être échauffés! Le blanc, c'est la froide vérité, et nous ne sommes de feu que pour le mensonge! Or, que peut être l'Histoire, si nous brouillons à la fois et les verres et les temps? Que peut-elle être, sinon de la fable et de la légende? Avec Ansart et le reste du troupeau, nous n'avons rien à espérer de plus. Ainsi, dès l'an 238, nous sommes, comme aux plus beaux jours de Louis XIV, en Bourgogne, province du royaume de France et de Navarre, et tout à l'heure apparaîtra, soyez-en sûrs, le proconsul Olibrius, traîné dans un des carrosses de la Cour. Mais si nous consultons la chronologie, c'est au pays des *Mandubiens*, petit coin de terre énergique, enclavé dans la grande *Lugdunaise* et relevant d'Autun, l'une des soixante cités ou corps de nation des Gaules, que nous avons le bonheur de nous trouver. Là, on lutte encore! Là, le druidisme reste cette plante vivace, tenace, ce *gui* inhérent au vieux *chêne*, d'où Rome n'a pû l'extirper complètement! Là, les prêtres de la vieille religion du pays prédisent encore la chute de l'empire romain, le triomphe des races transalpines, l'épuisement et l'anéantissement de la race latine, et les Gaulois croyaient en ces oracles, et se levaient tour à tour pour protester contre Rome; énergique protestation allant de Vindex à Civilis, de Civilis à Sabinus, de Sabinus à Albinus, et ne s'interrompant pendant quelques années que pour mieux se relever durant treize ans, de l'an 260 à 273, époque à laquelle le César Tétricus, las de la lutte et du commandement, trahit les Gaulois et sa patrie ! Ainsi, longtemps le glaive vengeur passa de main en main : tel le flambeau gaulois sur les hauteurs ! Un bras le laissait-il échapper, vite un autre bras le ramassait à terre et le brandissait comme une menace contre Rome, impuissante à faire là ce *silence de la solitude* dont parle Tacite.

La religion, elle aussi, était bien divisée ! Trois cultes en présence luttaient : deux latents, enveloppés d'ombre, traqués dans les villes, rejetés dans les forêts et les souterrains, l'un le druidisme pur, mais à demi usé et démodé ; l'autre le christianisme, religion à peine naissante en ces pays ; tous deux faisant une sourde guerre au troisième, qui, entre l'un et l'autre culte, superbe, triomphant, absurde, mais officiel, s'élevait ! Tel était l'état des croyances en Gaule quand naquit sainte Reine.

Son père, gouverneur d'Alise, la ville sainte des vieux Gaulois, était sans nul doute du culte officiel gallo-romain. Il devait adorer, en sa qualité de fonctionnaire, *Bel*-Apollo, Diana-*Arduinna*, *Ogmi*-Mercurius, *Hésus*-Mars ou Mars-*Kamul*. Cette belle religion, à l'usage des Gaulois, ce culte hybride, sorte de compromis entre le druidisme et le paganisme, était de l'invention du *Dive*-Auguste, *Divus-Augustus!* Toute la malice avait consisté à accoupler un type celtique à une création d'Athènes ou de Rome. Ansart et les autres légendaires nous disent simplement que le père de *Reine* était païen. Son vrai nom leur est inconnu : ils l'appellent *Clément!* De toute évidence, c'est par ironie que l'on a infligé l'épithète de *Clément* à ce Gaulois puissant et farouche dont l'ambition guidait seule la conduite : tel le *Félix* (1) de la tragédie de Polyeucte.

Pour ce qui regarde la mère de notre sainte, « on tient qu'elle mourut en couche, dit Georges Viole (2) en sa langue mystique, comme nous

(1) C'est le type du fonctionnaire qui ne songe qu'aux honneurs et à la conservation de sa place : il a été saisi et fixé là pour jamais par Corneille.

(2) G. Viole, bénédictin, auteur d'une *Vie* de la sainte, *contenant une infinité de miracles*.

voyons que la lune s'éclipse au lever de l'aurore... Mais Reine, ce beau lis de la grâce, ne fut pas longtemps parmi les épines du paganisme. »

Les premières années de la vie de notre sainte sont complètement inconnues. On dit que son père la confia, pour s'en débarrasser, à une nourrice qui dut se charger d'elle jusqu'à l'âge de la nubilité. Reine trouva en cette femme plus qu'une mère ordinaire, une chrétienne. Cette pieuse nourrice allaita à la fois et le corps et l'âme de la jeune fille, et fit d'elle une fervente néophyte, en attendant l'heure où elle la soutiendrait dans les épreuves du martyre. Il est à regretter qu'on ignore et le nom et la mort de cette courageuse femme des champs. Elle eût été digne de prendre rang près des saintes femmes, consolatrices des martyrs, que le christianisme nous a appris à aimer et à admirer. Les légendaires la nomment *Philomène*. C'est là un nom supposé comme celui de Clément. Celui-ci est latin, l'autre est grec; aucune trace de nom gaulois!

Or « l'Église était battue en ces temps-là des plus furieux orages par le souffle impétueux de l'idolâtrie. On voyait pourtant sur cette mer courroucée de braves pilotes qui luttaient courageusement contre la rage des aquilons païens (1). » Ce style, surchauffé d'images, nous annonce tout simplement l'arrivée en Gaules d'*Olibrius*, proconsul chargé de stimuler les druido-païens dans leurs recherches des adeptes au nouveau culte. La septième persécution générale contre les chrétiens venait d'être décrétée. Dèce était empereur. De quelle manière l'envoyé de Dèce, le proconsul Olibrius, arrivé près d'Alise, fit la connaissance de la fille du gouverneur Clément, et comment il arriva que soudain il s'éprit de la jeune gardeuse de moutons, le bénédictin Georges Viole va nous l'apprendre en un langage des plus pittoresques. Écoutez : « A peine ce bouton (Reine) eut-il poussé que le ciel fit distiller dessus l'influence de sa rosée. Olibre vit Reine dans la campagne, et aussitôt il sentit son cœur blessé *des doux attraits de l'amour* (ce n'est pas mal pour un bénédictin !), qui mit si avant le feu dans sa plaie qu'il fut impossible de l'éteindre qu'avec le sang de cette vierge... Le *lieutenant*, qui se plaisait dans son mal, fit arrêter son *carrosse.* » Ne vous l'avais-je pas dit? Ah Dieu!... Voyez-vous un Romain de

(1) Ansart, déjà cité.

l'an 250 se promener au beau milieu des montagnes de l'Auxois, non point à cheval ou en litière, selon l'usage, mais dans un splendide carrosse aux armes de la cour de l'empereur Dèce? *Risum teneamus!*

Jusqu'ici nous avons pu citer sans de trop grands inconvénients le pieux bénédictin Viole; mais, à partir du carrosse, il n'est plus possible de le suivre. Oui, malgré notre vif désir de mettre en saillie le ton naïf et les hardiesses de pensée des siècles passés, il nous faut laisser dans l'ombre les lignes qui ont trait à l'aimable entretien d'Olibrius avec Reine, et surtout passer sous silence les propos de la jeune vierge sur la virginité. Elle en sait là-dessus plus qu'un homme! A vrai dire, on soupçonne que Viole ne fut pas, quoique bénédictin, indifférent « aux doux attraits de l'amour. » On sent trop qu'il parle de tout cela avec plaisir et en connaissance de cause.

Bref, Olibrius, piqué du taon de l'amour, met pied à terre, et, quittant son carrosse, entre en pourparler avec la bergère, qui riposte vigoureusement à toutes ses attaques. Olibrius soupire en vain; en vain, il déclare sa flamme en pleins champs, espérant sans doute obtenir de suite quelques faveurs de la belle. Il est repoussé avec perte. N'y tenant plus, séance tenante, il offre le mariage. Reine refuse net. Seigneur Jésus! où donc est le temps où des bergères éconduisaient des proconsuls romains, des magistrats pour lesquels les grands poètes se fouettaient les flancs, battaient des ailes, et, du plus haut de leurs gosiers, s'écriaient : *Paulo majora canamus!*

Le père de la jeune fille est bientôt instruit de ce qui se passe. Les gros soupirs, entremêlés d'aveux, que pousse le sensuel proconsul lui ont tout dévoilé. Il fait venir Reine, et, entrant dans une grande colère, il la semonce vertement, puis la fait enfermer dans son château de Grignon. C'est là que la pauvre enfant avoue qu'elle est chrétienne et qu'elle préfère Jésus à Olibrius. Foin de Jupiter-*Teutatès!* Elle a bien raison, la simple et héroïque bergère. Ainsi elle commence son martyre dans la demeure même de son père et sur ses ordres exprès. Les jours se passent, Olibrius attend; mais Reine, plus ferme que jamais, repousse les avances de plus en plus pressantes du Romain, qui, tour à tour, supplie et menace. Enfin, elle est conduite au pied de l'autel des Dieux, et là on l'exhorte à sacrifier en leur honneur : Reine s'y refuse. Du haut de son siège de grand justicier, Olibrius tonne, fulmine, éclate ; l'enfant reste inébranlable dans sa foi en Jésus. Alors on la livre aux bourreaux, qui l'étendent sur le chevalet et lui labourent le corps avec des peignes de fer. La présence de sa nourrice soutient son courage. Après cette première torture, on la traîne, chargée de chaînes, au bourg voisin, à Flavigny, où elle est jetée dans un caveau. Les douleurs et la prostration physiques, sans doute, abattront son courage ; du moins on l'espère. Mais les bourreaux comptaient sans le ciel et sans la terre. Sa nourrice vint la fortifier et de pain et de paroles, et d'en haut une vision surnaturelle, descendant sur son front, l'illumina. Écoutons Ansart : « Mais son esprit fortifié, comme celui de saint Paul, par les infirmités de son corps, fut ravi en extase. Il lui sembla voir une grande croix qui touchait de la terre au ciel, au sommet de laquelle était une colombe blanche. C'est peut-être en mémoire de celle-ci qu'on voit une colombe au haut de toutes les croix de la Bourgogne. »

Amenée pour la troisième fois devant Olibrius, son amant-bourreau, Reine confessa de nouveau, sans faiblesse, comme sans hésitation, sa foi en Jésus, Sauveur du monde : et les bourreaux recommencèrent à la torturer. Alors se passe cette admirable scène de l'agonie. Corneille, dans ses plus beaux traits, n'offre rien qui la surpasse en vigueur; Racine, rien qui l'égale en douceur; et l'antiquité, rien qui lui soit comparable en ses chœurs tragiques les mieux réussis. Ce sont ces trois sublimités réunies et comme fondues l'une en l'autre que nous avons ici. Voyons la scène.

D'un côté se tient le chœur des vieillards, de l'autre celui des jeunes filles. Ils se mêlent à l'action, comme dans la tragédie antique, et, dans ce moment de la lutte suprême et de la suprême agonie, ils viennent faire résonner leurs conseils et leurs regrets de pure raison aux oreilles de la martyre, dont l'enthousiasme exalte le cœur, tandis que la souffrance veut abattre son corps si frêle.

Tout en larmes, le chœur commence ainsi, tandis qu'on brûle les chairs de la martyre:

LES JEUNES FILLES

Ah! Reine! quelle beauté perdez-vous aujourd'hui pour ce Crucifié! Faites ce que dit le proconsul!

REINE

O mon doux Jésus!

LES VIEILLARDS

Que dit-elle? L'insensée! Jupiter l'a frappée d'aveuglement! Les tenailles lui arrachent les ongles et la chair, et elle meurt sans regretter la vie, ces vallons, ce soleil!

REINE (*pendant qu'on lui arrache les ongles*).

Je vous aime, ô Jésus!

Non, je le répète, il n'est dans aucun théâtre une situation plus dramatique, un dialogue plus saisissant! Non, Corneille lui-même avec son « *Qu'il mourût!* » et « *Où le conduisez-vous? — A la mort! — A la gloire!* » ne m'a jamais autant impressionné que ce passage. Et l'avouerai-je, jamais je ne l'ai lu sans pleurer. Ah! pauvre Reine! pauvre enfant! combien tu es plus grande qu'Horace et Polyeucte! Que ta réponse me paraît sublime! Quel accent séraphique est le tien! Quelle force éclate dans ta douceur! N'est-ce pas ce mélange qui est admirable, unique?

Mais le martyre continue. Deux poteaux sont mis en forme de croix; on y attache la pauvrette! Une fois ses membres étendus sur ce gibet, les bourreaux saisissent des torches ardentes et les promènent sur ses côtés. Mais, comme Reine manifestait de la satisfaction au milieu de cet atroce supplice, Olibrius la fit délier. Ici, Ansart dit naïvement : « Le lecteur s'attend peut-être qu'il va la laisser respirer un peu ? » Et cette question naïve a son côté sinistre. Durant les tortures, toujours longues et affinées par la cruauté, il y avait des pauses, des moments de répit ; alors la voix du magistrat romain s'élevait pour demander à la victime si elle persistait à confesser la foi chrétienne ; si oui, on achevait son supplice ; en cas contraire, on la relâchait, déchirée, privée d'ongles, à demi brûlée. Ah ! quel avenir affreux attendait le chrétien affaibli, manquant de courage et d'héroïsme pour aller jusqu'au bout du martyre !

Olibrius, après avoir fait passer Reine par les torches brûlantes, ordonne qu'on la jette immédiatement dans une cuve d'eau froide et infecte ; puis, comme elle donnait encore signe de vie, il lui fit trancher la tête, et, « au lieu où elle tomba, il en jaillit une fontaine miraculeuse, qui est encore aujourd'hui la source féconde d'une infinité de guérisons !... Voilà comme ce bel astre, qui avait éclairé le pays d'Auxois des rayons de la foi, s'éclipsa le septième jour de décembre (1) ! »

(1) Genebrard, bénédictin, auteur d'une *Vie de sainte Reine.*

III

THÉATRE DE LA SAINTE

Après le trait d'une beauté plus qu'antique que nous venons d'admirer, le théâtre de sainte Reine nous semblera plat, et ne nous offrira guère que des pauvretés. Cependant ces pauvretés sont piquantes et instructives : c'est à ce double titre que je les soumets au lecteur. Je serai court; une analyse succincte des pièces et quelques citations bien choisies suffiront à mettre en lumière le peu d'esprit que les auteurs ont dépensé dans un sujet qui se prêtait si admirablement aux plus belles scènes; mais, quand on n'a que du billon en poche, il est bien malaisé d'en tirer des pièces d'or!

J'ai découvert six tragédies sur la mort de sainte Reine; peut-être en existe-t-il quelques autres, mais la science humaine est toujours courte par quelque endroit.

De ces tragédies, la première en date est due au chanoine *Millotet* (1). C'est lui, le bon chanoine, qui a trouvé pour sa pièce ce titre grotesque et païen : « *Chariot de triomphe tiré par deux aigles de la glorieuse, noble et illustre sainte Reine, vierge et martyre, par M. H. Millotet, chanoine de l'Église collégiale de Flavigny* (2). » Et le livre porte la date de 1664, année où Racine débuta par les *Frères ennemis!* Et il y avait vingt-quatre ans que *Polyeucte* était paru, et le *Cid* l'était depuis vingt-huit ans! Qui s'en douterait? Et quelle étude comparative, pleine d'enseignements, il y aurait à faire sur l'état des esprits en France, vus isolément, puis d'ensemble et à des dates culminantes, comme celle de 1664, où apparaissait Racine, où Corneille jetait les derniers éclats de sa grande voix, où Molière donnait 3 actes du *Tartufe*, où la Fontaine publiait sa

(1) Le signal des tragédies saintes avait été donné en Bourgogne par le chanoine *Françoys Perrin, Autunois*, dans une pièce intitulée : *Sichem ravisseur*, ou *la Circoncision des incirconcis*, tragédie en 5 actes, en vers, 1606.

(2) Le livre a été publié à Autun, avec le titre et la date indiqués ci-dessus.

Joconde, où Vauban déployait son génie stratégique (Vauban, un Bourguignon !), où Bossuet (un Bourguignon encore !) faisait entendre sa haute prédication à la cour de Louis XIV, où Colbert mûrissait le hardi projet d'une réforme législative qui eût donné à la France l'unité des lois, des poids et mesures, la *gratuité de la justice* et le libre accès aux charges, alors vénales ; où, en même temps, dans un coin de la Bourgogne, un chanoine écrivait une tragédie dans le goût des mystères et rêvait de *chars* et *d'aigles*, comme un païen, le tout pour faire enlever au ciel, en plein théâtre, sainte Reine, martyre ! Quel abîme entre Paris et la Province ! Quel soufflet donné à la gloire du grand siècle, grand à Versailles, misérable et digne de pitié sur tant de points du royaume !

« Rare et singulier volume, dit le bibliophile Jacob, que cette œuvre du chanoine Millotet ! Les mystères pâlissent devant cette ridicule tragédie. A l'imitation des confrères de la Passion, qui faisaient accoucher la Vierge sur la scène, le bon chanoine fait supplicier sainte Reine sur le théâtre ! »

Que le bibliophile Jacob me pardonne mon

hérésie, mais j'avouerai, sans hésitation, que je ne goûte point la suppression de l'action en fait de théâtre, et surtout pour le cas qui nous occupe. En effet, rejetez derrière la toile le supplice de Reine, et, du même coup, vous supprimez la splendide scène où la martyre ne répond aux chœurs, à la douleur et aux bourreaux, que ces mots sublimes : « *O mon doux Jésus!* » Ce qui me frappe davantage en cette circonstance, c'est de voir, ici encore, la province attardée et ignare au point qu'elle supporte la poésie et l'échafaudage vermoulus des vieux mystères. Pour elle, Corneille n'est point encore né, et Racine est dans un lointain qui embrasse un demi-siècle au moins.

Donc, quoi qu'en pense le bibliophile Jacob, il fallait non pas éloigner le supplice de la scène, mais le simuler de telle sorte qu'il ne choquât pas les regards et ne blessât point les mœurs. Aujourd'hui, la *sainte Reine* de Millotet et des autres pieux rimeurs attirerait la foule et ferait grosse recette. Songez donc, une femme nue sur les planches! Cela suffirait pour que la pièce fût jugée admirable. Malheureusement, la police rogne les ailes de nos génies en ce genre et coupe court à leurs chefs-d'œuvre; elle prive le public de ces hautes conceptions de nos hardis faiseurs. Autrefois, la police ni le public ne voyaient de mal en ces nudités. C'est que ce n'étaient point les nudités qui fixaient les regards, mais le sujet de la pièce. Cette tournure si opposée des esprits, chez un même peuple vu à deux siècles de distance, suffit pour montrer toute la dégradation des caractères et la corruption des mœurs.

Je ne puis quitter la tragédie du bon chanoine, pièce découpée et calquée sur la légende, sans citer de lui un ou deux vers qui donneront une idée de la beauté du dialogue et des pensées. Quand Reine a été écorchée vive, puis plongée dans la cuve d'eau traditionnelle, Olibrius s'écrie :

Viste, soldats, au feu, bruslez-luy les costés;
Faites-luy endurer mille autres nouveautés!

Lesquelles *nouveautés* Reine supporte si courageusement que Dalazan, conseiller d'Olibrius, perdant patience, dit aux soldats :

Viste! la tête à bas!

Reine alors monte au ciel dans un chariot tiré

par des aigles, oiseaux consacrés à Jupiter, le tout selon la suscription de cette pièce bien faite pour attirer les amateurs et nous prouver que les machinistes et la machinisterie de l'an 1664 n'étaient pas inférieurs à ceux de 1867. Les machines, du reste, étaient tellement goûtées en province, que la seconde tragédie, qui a eu pour objet de célébrer sainte Reine, porte en titre : *Triomphe de l'amour divin de Sainte Reine, vierge et martyre. Tragédie en machines*, etc. (1). C'est de cette seconde pièce que nous allons parler.

Quel fut ce prétendu *Alexandre le Grand, druyde*, qui s'en dit l'auteur? On l'ignore, et je crois qu'on s'est peu soucié de rechercher qui se cache sous ce nom. Sa tragédie est aussi différente de celle des autres martyrologistes-poètes que son faux nom grec et sa fausse barbe druidique le rendent dissemblable des autres noms et professions d'auteurs. Entre un chanoine et un géomètre, le pauvre druide fait piteuse figure! Malgré tout, cet étrange affublement lui donne un air à part ; mais ce qui le rend si différent des autres poètes chrétiens (et

(1) *Le Triomphe*, etc...., tragédie en machines, en cinq actes et en vers, par Alexandre le Grand, sire d'Argycourt, Druyde, 1671.

il est au fond très bon chrétien), ce qui donne une saveur particulière à son ouvrage, ce n'est point que l'auteur se soit écarté de la pieuse légende, son audace ne va pas jusque-là, c'est qu'il entend et rend à sa façon la poésie édifiante et pie. Exemple : Olibre, rencontrant Reine dans les champs, quitte son carrosse, vient à elle et lui parle incontinent en ces termes :

> Agréez mes respects, ô beauté que j'adore,
> Et, vous couchant enfin sur ce tapis de Flore,
> Permettez que.....

Bigre, voilà qui promet ! Voilà une déclaration ! Voilà ce qui s'appelle ne pas tourner autour du pot ! Quel gaillard que cet Olibrius ! Ne tremblez-vous pas un peu pour Reine ? Si oui, rassurez-vous ; car Reine aussi est une gaillarde qui n'a pas froid aux yeux. Ecoutez sa réponse :

> Point du tout, et cessez, ou bien vostre visage
> Éprouvera bientost ma fureur et ma rage.

Nous voilà en plein : « Finissez, monsieur Blaise, ou je vous dévisage ! » de la chanson : *Ah ! qu'il fait donc bon (bis) cueillir la fraise.* L'auteur de cette drôlerie ne se doutait guère qu'il parodiait avec un fier bonheur la pièce d'Alexandre le Grand, druide. Ainsi se déroule la tragédie du sieur d'Espritcourt, et non d'Argycourt, comme ledit druide se qualifie.

La troisième tragédie en date est celle de maître Claude *Ternet*, professeur-géomètre (1). Son œuvre, paraît-il, eut une grande vogue. Le poète-professeur avait eu l'adresse d'abriter sa tragédie sous le haut patronage de Mgr l'évêque d'Autun. Ici, à la crudité des scènes et aux propos plus que grivois, se joignent des hardiesses en style ronsardien. Pour cet auteur, Malherbe n'est pas encore venu, et c'est avec une inconscience totale que, dès le premier vers de sa pièce, il brave la loi qui prohibe l'hiatus, en faisant dire à la nourrice :

Reine, mon doux souci, objet rare et charmant.

(1) *Le Martyre de la glorieuse sainte Reine d'Alize*, tragédie en cinq actes et en vers, par maître Claude Ternet, etc., 1682. — On trouve cette tragédie réimprimée jusqu'à huit fois, tantôt à Châtillon, tantôt à Troyes, tantôt à Rouen. Elle est au nombre des quatre tragédies d'un recueil intitulé : *le Théâtre des Martyrs*. — Il y a quelques jolis vers, qu'on dirait faits par Baïf, dans la pièce de Ternet; tels sont ceux-ci :

Hymette n'a pas tant dans ses ruches d'avettes
Qu'il ne naît sous ses pas d'amoureuses fleurettes.

Ainsi, en l'an 1682, dans la haute Bourgogne, vivait un versificateur qui en était encore à Ronsard et à la Pléiade! Ceci ne donne-t-il pas à réfléchir aux penseurs? Quoi, malgré les efforts du bon sens, du bon goût; malgré les chefs-d'œuvre des Corneille, des Molière et des Racine, malgré les satires et les épîtres de Boileau, en face de la splendeur d'un grand règne unificateur, à soixante-dix lieues seulement de la capitale, un homme *ronsardisait?* Ah! vraiment, jamais je n'eusse cru la Vérité si boiteuse! Mais la Justice est ingambe et droite sur ses tibias, comparée à sa sœur, la Vérité! Mais c'est un lièvre à côté d'une tortue! Toutefois, ne nous emportons point trop. Un adhérent géomètre au système de Ronsard, et cela à la fin du dix-septième siècle, est un de ces phénomènes devant lesquels il faut s'arrêter pour en tirer toutes les déductions possibles. En mon particulier, je déduis de ce phénomène que Ronsard était un esprit plus sensé, plus logique, plus géométrique, et surtout brouillant moins la langue que ne l'a prétendu Boileau, ce maigre clarificateur. Les accouplements de mots à la grecque, dont on a fait au pauvre grand poète un si grand crime, n'étaient pas tous si ridicules. Et, quand je lis dans maître Ternet :

> Je pense voir...
>
> (*Reine parle de Jésus.*)
>
> Je pense voir encor cet athlète invincible,
> Ce grand *proto-martyr*...

je ne trouve point du tout ce dernier mot dépourvu d'une certaine grandeur qu'a ignorée Boileau. Il a condamné brutalement l'œuvre en bloc, et il a eu tort. Il fallait choisir, émonder, retrancher, mais conserver avec soin la partie vraiment vivante, géométrique et française de l'immense travail de Ronsard. Cette concision dans la pensée, ces mots à double coup, vous frappant à la façon de la foudre, éclair-tonnerre, je veux dire lumineux d'un côté, foudroyants de l'autre, voilà la précieuse innovation qu'il eût fallu conserver, perfectionner, acclimater en France, et la France posséderait aujourd'hui la langue universelle, la langue de l'avenir, langage prompt, instantané, géométrique, langage qu'en son truchement tâche de bégayer la télégraphie électrique. Oui, je ne me trompe point (et ce géomètre bourguignon, ce dernier admirateur du génie de Ronsard m'en est un sûr garant), la langue française eût beaucoup plus gagné que perdu à n'avoir eu ni Boileau ni Malherbe. Régnier nous en eût tenu lieu, et, avec Régnier, nous aurions eu de la vraie poésie, et, avec Ronsard et la Pléiade, toute la hardiesse nécessaire pour innover ou tout au moins pour poursuivre, dans ce qu'elle avait de concis et de bon, l'innovation du grand poète. N'est-ce point en effet la géométrie lumineuse de l'esprit de Ronsard qui attirait et gagnait à sa cause, quand cette cause était depuis longtemps perdue, cet adepte bourguignon, ce poète-géomètre, maître Claude Ternet ?

Je ne prétends point ici justifier maître Claude dans toutes ses tentatives d'imitation ronsardienne ; assurément non ! Ainsi je vois qu'il appelle la couronne de Jésus : « *un chapeau* (1) *épineux !* » et qu'il transforme les poissons de la mer en « *des bourgeois écaillés !* » Ailleurs *Philomène*, nourrice de Reine, la félicitant d'avoir choisi le Christ pour époux, appelle cet époux « *le Phénix des amants !* » Evidemment tout cela est blâmable, parce que tout cela manque de mesure et de goût. Mais le principe était bon, tellement bon qu'il a triomphé

(1) *Chapeau* était synonyme de *couronne*, au siècle de Ronsard.

dans une œuvre immortelle: les *Fables* de la Fontaine (1). Le principe de Ronsard, en effet, est des plus naturels : il consiste à poétiser, à mettre en relief êtres et choses en transportant d'un règne dans un autre les attributs caractéristiques propres à chacun d'eux. Aimable échange, sorte de communion, d'égalité rapprochant bêtes et gens, matière et esprit, et les éclairant, les définissant par un mot, par un trait lumineux! C'est ainsi que nous avons mis dans le renard le caractère de la ruse, en sorte qu'il symbolise l'homme fin et retors. C'est ainsi que les plantes et les animaux se sont revêtus tour à tour, sous la plume des fabulistes, de tous nos titres, de tous nos vices, de toutes nos vertus, de tous nos défauts. Nous les avons coiffés d'une épithète humaine, et, dans l'animal fait homme, nous avons salué un frère, et, dans les communautés animales, nous avons établi des hiérarchies; en sorte que le brochet est devenu *le tyran des eaux;* la carpe, une *bourgeoise, bonne commère,* etc. La soi-disant école du bon sens a substitué à ce principe celui de la

(1) Dans la Fontaine, les composés *ronge-maille, trotte menu,* etc., etc., descendent en ligne droite des *Brise-grain, Aime-pampre, Dompte-poulains* et autres, de Ronsard. Aussi Boileau n'aimait-il guère la Fontaine.

périphrase et des circonlocutions. Vaut-il mieux ? A coup sûr non ; car il a le grave défaut d'être plus compliqué et souvent plus obscur que celui de la transposition ronsardienne. Avec un peu de réflexion, je devinerai toujours que « *des bourgeois écaillés* » sont des poissons, et le « *chapeau épineux* » de Jésus, sa couronne d'épines ; mais si, parlant comme Delille, le poète s'écrie :

Un même lieu voit.....
L'animal recouvert de son épaisse croûte,
Celui dont la coquille est arrondie en voûte.....
Et ces rameaux vivants, ces plantes populeuses
De deux règnes rivaux races miraculeuses.....

je suis bien convaincu que vous et moi passerons plus d'une demi-heure sans trouver le mot du logogriphe, surtout si nous avons lu le vers qui précède immédiatement les quatre vers cités plus haut :

Et la lente tortue et le vif écureuil.

En cherchant bien, vous devineriez peut-être que « la coquille arrondie en voûte » est la tortue ; mais le vers de la tortue et de l'écureuil vous en ôte l'idée. Et cependant il paraît que c'est de la tortue qu'il s'agit encore ; du moins l'éditeur, dans ses notes, n'a pu découvrir rien de mieux cadrant avec la circonlocution delilléenne. Quant à « l'animal recouvert de son épaisse croûte, » l'éditeur dit : « Lisez *rhinocéros*. » J'en étais à mille lieues ! Pour « rameaux vivants, etc., » prononcez *polypes* (1). Franchement, j'aime mieux revenir « aux bourgeois écaillés » de maître Claude Ternet.

Comme ses devanciers, maître Claude se permet certaines gaillardises, bien faites pour blesser des oreilles chrétiennes. Ainsi, au dernier acte, Évandre, un des chefs qui président au supplice, s'écrie :

Mettons-la toute nue afin de voir sa chair;
Dépouillez-vous, ma mie : il ne faut rien cacher.

Voilà un pourceau digne de cette époque, je veux dire digne de l'Empire romain décadant. Ici, l'auteur, tout en suivant la pente de ses prédécesseurs, a eu un trait de génie; ses gravelures n'ont pas été débitées en pure perte. Il a fait sortir de l'ordure un caractère, *le bourreau*

(1) Et, dans un autre passage, le *ténia* est appelé un *ruban animé!* Quel rébus !

voluptueux ; il lui en sera tenu compte. Je passe donc condamnation sur le reste de son œuvre et j'arrive à un vieux repenti, M. *de Corneille Blessebois* (1).

Ce M. de Corneille Blessebois n'était pas si repentant, si revenu de ses erreurs et si rempli de toute l'horreur que doit inspirer une vie mondaine et pécheresse, qu'il n'y eût chez lui, de çà, de là, ce qu'on appelle des retours de jeunesse. Le diable n'en fait pas d'autres. Il se plaît à s'encapuchonner pour jouer ses plus vilains tours. Ainsi le même *Evandre,* celui qui est si bien peint par maître Claude (et peut-être à son insu), se charge lui-même de mettre *Reine toute nue ;* or, c'est là un trait excellent et qui achève de nous représenter le pourceau ! Là-dessus, M. de Corneille fait dire à son Théramène (car M. de Corneille connaît son Racine, et n'expose pas le martyre de Reine sur le théâtre) :

Evandre incontinent la mettant toute nue,
De son beau teint de lait nous a charmé la vue !...

(1) *La Victoire spirituelle de la glorieuse sainte Reine remportée sur le* TIRAN *Olibre,* etc., tragédie en trois actes et en vers, par M. de Corneille Blessebois, 1686. On cite encore du même auteur : *Les Soupirs de Siffroi,* tragédie, (Châtillon-sur-Seine, 1675). *Eugénie,* tragédie.

Comme le moment d'une pareille description est bien choisi ! Il faut avoir le diable au corps pour songer en cet instant à une telle peinture ! En vérité, il faut être un Évandre !... Un peu plus loin, ledit Théramène poursuit sa description :

> Avecque deux flambeaux il bruslait les aisselles
> Et les blondins cheveux de ce *fénix* des belles !

Ah ! monsieur de Corneille, que vous êtes racinien et qu'en termes galants ces choses-là sont mises ! Vous êtes digne de tendre la main à cet autre racinien, M. *Gille de Boussu* (1), qui, lui également, s'est épris de *Reine*. Oui, monsieur de Boussu, vous aussi, vous avez rimé vos trois actes en son honneur ; vous aussi, vous avez écarté de la scène ce qu'il y avait de plus palpitant, le supplice ; bref, *Reine* a été pour vous, comme pour M. de Corneille, une autre *Bérénice*, une Bérénice chrétienne qui soupire après *Jésus*, comme celle de Racine, la païenne, soupire après son *Titus !* Enfin, comme Bérénice, Reine rejette avec dédain et dégoût *Olibrius*, l'*Antiochus* de votre tragédie.

(1) *Le* MARTIRE *de sainte Reine*, tragédie en trois actes et en vers, par M. Gille de Boussu, 1709. — (*Boussu* est une petite ville du Hainaut, d'où l'auteur du *Martire* aura tiré son nom.)

La pièce a-t-elle gagné à devenir une élégie, de drame sanglant qu'elle était avant vous ? Hommes de goût, que vous êtes l'un et l'autre, confessez la vérité : la pièce y a perdu, y a tout perdu en intérêt, sans gagner ni en diction vraiment élevée, ni en pathétique, ni en caractères mieux développés, mieux dépeints. Vous êtes inférieurs aux légendaires, aux vrais croyants ; revenons donc, s'il vous plaît, à eux.

Aussi bien, pour parler à propos de M. Gille de Boussu, nous avions négligé de faire passer à son tour de date l'auteur inconnu d'une tragédie en « cinq actes et en vers, composée par un religieux de l'*abbaïe* de Flavigny, où *repose le corps de ladite sainte Reine* (1). » C'est la sixième et dernière des tragédies ayant pour sujet la vierge d'Alise. On a des raisons de croire que l'auteur est *Georges Viole*, dit le bibliophile Jacob. Mais quelles sont ces raisons ? L'érudit a omis de nous les donner. Pour moi, j'en vois une assez probante, c'est que, dans les deux autres ouvrages avoués et signés du bénédictin Viole, il n'est question que de Reine, de sa vie et de ses reli-

(1) *Le* Martire *de la glorieuse sainte Reine d'Alize*, etc., 1687 et 1691.

ques, de ses *vraies* reliques que prétendaient posséder les habitants de Flavigny, dont le territoire est voisin de celui d'Alise. Ces derniers mots de la suscription de la tragédie : « *Où repose le corps de ladite sainte* » ne peuvent être sortis que de cette même plume qui soutint avec acharnement, et dans deux pamphlets, que les reliques de la glorieuse *Reine* étaient à Flavigny et non à Alise, comme le prétendaient les *cordeliers* de cette paroisse.

Quoi qu'il en soit, l'auteur religieux, le fougueux bénédictin de l'abbaye de Flavigny, était doué d'un sentiment juste et vrai lorsqu'au cinquième acte de sa pièce il faisait tenir à sainte Reine ce propos sublime, celui qui m'a tant frappé et ému, comme je l'ai exposé ailleurs :

Je vous aime, ô Jésus!

Et, au milieu des plus affreux tourments, Reine est consolée ! Et, chaque fois que redoublent les cuisantes douleurs du martyre et la rage des bourreaux, elle n'articule que cette plainte admirable, ce bêlement sublime de l'agneau qu'on égorge :

Je vous aime, ô Jésus!

Les autres parties de la tragédie du bénédictin anonyme sont communes; je n'irai pas plus avant dans leur analyse.

En résumé, peu de style, peu de caractères, mais force trivialités et obscénités, tel est le bilan de ce théâtre de Reine, théâtre fort instructif toutefois : j'ai tâché de le démontrer. On dirait que l'on a affaire à d'anciens mystères. Ces six tragédies en sont comme un appendice, une queue qui est venue expirer à l'aurore du dix-huitième siècle. Leur lecture rappelle, à s'y méprendre parfois, ces pièces du moyen âge, naïves et chastes à force d'être naïves en leurs crudités, pièces où l'on voyait *Anne* accoucher sur la scène, où *Marie*, enfant de treize ans, récitait son catéchisme, entrait au couvent, et, devenue femme et épouse de Joseph, dialoguait ainsi avec l'ange Gabriel :

MARIE

Or di moy donc, en vérité,
Comment, observant chasteté,
Seroys mère d'un tel enfant?

GABRIEL

Il se fera divinement;
L'Esprit-Saint y besoignera!

Leur lecture me rappelle encore le Mystère de *Monseigneur le Dauphin Jésus de l'Évêché de Nazareth*, où les bergers apportent à l'enfant, comme dans les Noëls, du linge, du bois, du charbon, une lanterne, trois merles, et ajoutent :

> **Voilà une douzaine d'œufs,**
> **Six galettes et un fromage!**

Qu'on vienne après cela nous vanter la belle unité du grand siècle! Non seulement il faut reconnaître ici la ténacité des goûts de la race et la persévérance de la vie provinciale, mais il convient encore de signaler un phénomène intellectuel analogue à celui que les physiciens constatent dans les corps lumineux. Un astre meurt-il, disparaît-il, son dernier rayon lui survit, et, lancé à travers l'espace, il continue à cheminer, en sorte que longtemps après que l'astre n'est plus, nous le voyons encore. Ainsi des phénomènes littéraires. L'astre-Ronsard et le groupe de la Pléiade, tombés à Paris depuis un grand demi-siècle, ont projeté leurs rayons sur la province, qui continua à voir et à admirer des gloires disparues du ciel poétique. De là est né ce dédain des auteurs de la capitale pour leurs confrères provinciaux, dédain qui ne date que du règne centralisateur de Louis XIV, car on n'en trouve la trace, pour la première fois, que dans ce vers de Boileau :

> Et laissa la province admirer le Typhon.

Cette scission entre Paris et le reste de la France est un fait historique qu'il fallait constater à l'encontre de certains critiques à vue courte qui disent : « le parisien Boileau aime à railler les goûts de la province. » Quelle bêtise !

J. D.

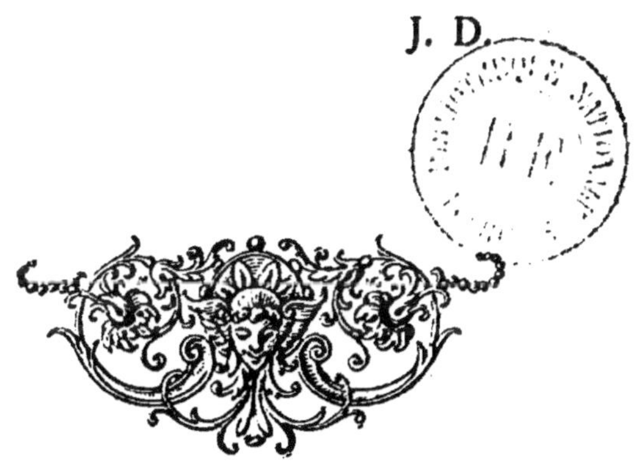

DIJON, IMPRIMERIE DARANTIERE
Rue Chabot-Charny, 65

www.ingramcontent.com/pod-product-compliance
Lightning Source LLC
LaVergne TN
LVHW020628110826
845149LV00004B/1083

* 9 7 8 2 0 1 9 1 8 0 8 7 4 *